I0192235

LOS RINOCERONTES
SE QUEMAN

Nueva York Poetry Press®

OXEDA

Consuelo Nieto Ortega

Los rinocerontes
SE QUEMAN

Nueva York Poetry Press LLC
128 Madison Avenue,
Oficina+ 2RN
New York, NY 10016, USA
Teléfono: +1(929)354-7778
nuevayork.poetrypress@gmail.com
www.nuevayorkpoetrypress.com

OXEDA
Amecameca, México
oxedacontacto@gmail.com
www.oxeda.com.mx

Los rinocerontes se queman
© 2021 Consuelo Nieto Ortega

ISBN-13: 978-1-950474-59-2

© Dirección:
Antonio Ojeda

© Coordinación editorial:
Francisco Trejo

© Consultoría:
Marisa Russo

© Arte de la portada e interiores:
Dulce Ortega

© Fotografías:
Laura G. Ceballos Martínez

Nieto Ortega, Consuelo
Los rinocerontes se queman/ Consuelo Nieto Ortega. 1ª ed. Amecameca, New York:
OXEDA/Nueva York Poetry Press, 2021, 112 pp. 5.25" x 8".

1. Poesía mexicana. 2. Poesía latinoamericana.

Todos los derechos reservados. Esta publicación no puede ser reproducida, ni en todo ni en parte, ni registrada en o transmitida por, un sistema de recuperación de información, en electroóptico, por fotocopia, o cualquier otro, sin el permiso previo por escrito de la editorial, excepto en casos de citación breve en reseñas críticas y otros usos no comerciales permitidos por la ley de derechos de autor. Para solicitar permiso, contacte al editor por correo electrónico: oxedacontacto@gmail.com

A Aurora,
por amar lo que nunca quiso para mí.

ABOLENGO

"Podría hablar del rostro de mi padre.
Podría decir que sus arrugas son
las venas asfálticas de la ciudad en reposo.
Podría decir que sus ojos se parecen
a las farolas de las nocturnas calles,
y que su aliento es el gemido y la lágrima
de todos los borrachos del mundo."

ESTHER M. GARCÍA.

Padre símil

Padre que te asemejas a mis rincones oscuros y a mi mal carácter, padre espejo que rompo, escupo y me mira las marcas de su abandono; tú que siempre has caminado con la frente muy alta, señor doctor, con la bata muy limpia y la conciencia hecha mierda, si agachas un poco la cabeza se ven tus demonios, entradas, inseguridades y canas; te nos miras mundane, tú, el altivo número uno de siempre.

Viene como el otoño tu voz grave sin halos de arrepentimiento, padre hoja seca, que piso y cruje y te lleva el viento; padre gato con muchas vidas paralelas que no se mueren, se materializan en hijos, somos el producto de tu andar errante en los contenedores de mujeres que aún creen en tus mentiras; padre que no fuma pero aun así se fue a comprar cigarrillos.

Tú, padre cuerda que me ato al cuello y tiro con fuerza cada que el gen me delata y algo de aquí hace mímica de ti.

Padre símil, te me vas poniendo viejo y cansado, eres el mismo monstruo pero ahora hueles a naftalina.

MAMÁ, TE PROMETO QUE SIEMPRE SOÑÉ CON SER POETA

Las intermitencias, el constante asomo de lo efímero y las promesas.

A veces de niña jugaba a pintar los moretones con cuentos infantiles y poemas.

Las intermitencias, el ebullir de asombro o sucumbir ante la indiferencia.

A veces, de adolescente, me fumaba un cigarro y me abría los brazos para que llegaran las letras.

Las intermitencias,

> un poeta,
> un café,
> una desilusión,

> > una banqueta.

EXPECTATIVAS PARENTALES

Voy a hacer poesía
de las decisiones cansadas
de las soluciones pausadas
de los miedos como sauces
que echan raíces
       en mi cuello
          me nublan la garganta.

Voy a hacer poesía del tremor
     el de la mañana
     el de mediodía
     el de mis palabras
       voy perdiendo
       diaforesis mal planeada.

Me hierve el tungsteno
    la incandecencia palmas arriba
      azotar siete veces la cabeza
    contra su nada.

Me ato con fuerza lo que no soy, balanceo el banco de la
      grandilocuencia ficticia,
me dejo caer,
    es un péndulo sin sombra
      una mujer sin prisa.

PENSABA QUE ME DOLERÍA MÁS
CUANDO TE FUERAS

Pensaba que me dolería más cuando te fueras, pero no fue así; simplemente, tomaste una bolsa llena de mi basura y la remolcaste a tu acera fría de apariencias, te limpiaste los pies de mis lágrimas de lodo y mi amor a manos llenas, se te extravió como siempre la llave y corrí como perro a buscarla en tus olvidos, me dejaste unas notas en el frigorífico que anunciaban que todo sería mejor porque alguien estorbaba aquí y no eras tú, dejaste la mesa puesta donde te servía mis ganas mientras mis demonios se amanecían con tu café,
te fuiste
       y estuvo bien
             y esperaba que lo hicieras,
                         incluso
pensaba que me dolería más cuando te fueras
        pero sólo me morí por dentro
             y no me dolió más...
                   me dolió de a de veras.

PAPÁ

Señor de la buena medicina para el cuerpo de los
      ajenos,
señor llamado abandono
parricida con traje de pieles de niños
tu recuerdo huele a loción para afeitar

               y cinismo.

Señor de los sesos que se vierten en mi vaso
te me derramas hasta por los poros
tan aterrado de nosotros los homosexuales

               tus niños

de tu apellido en la cuerda floja y mis malabares.

Papá que te coronas y nos tragamos tus espinas
tus hijos te lamen los pies para ver si te enmiendas
las vestiduras blancas combinan
           con las infancias en nosocomios
con las canas de vivirte/venirte en otras vidas.

Papá, no necesitas que te perdonen,
           en sí no necesitas.
Papá, los niños te necesitan,
           en sí no te perdono.

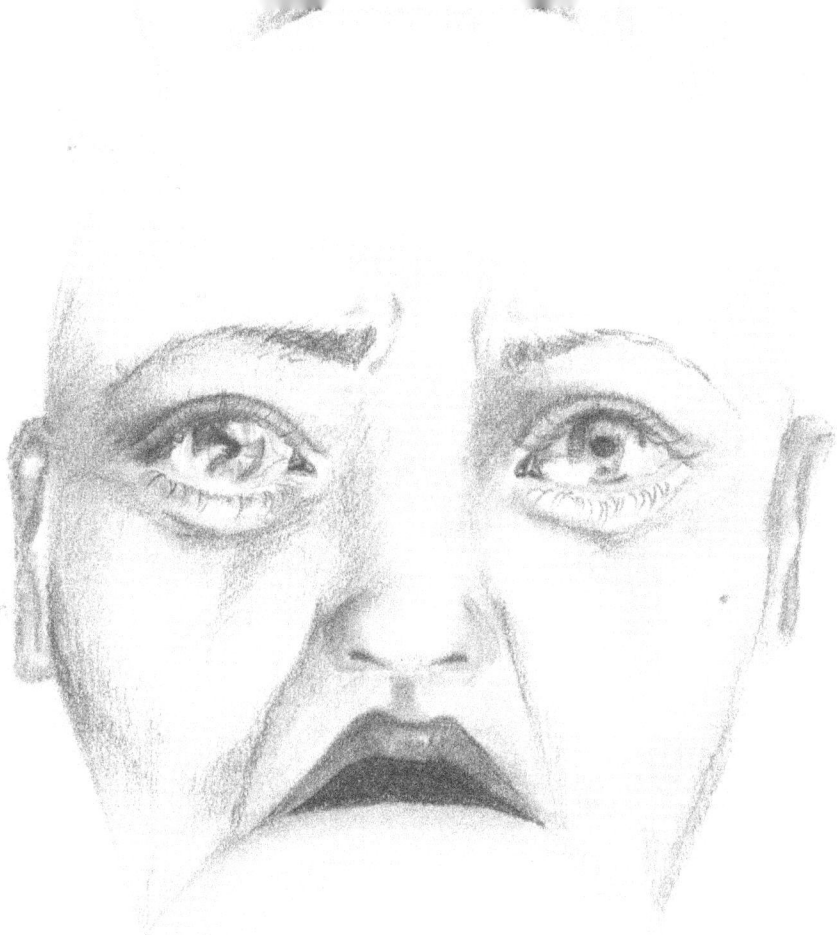

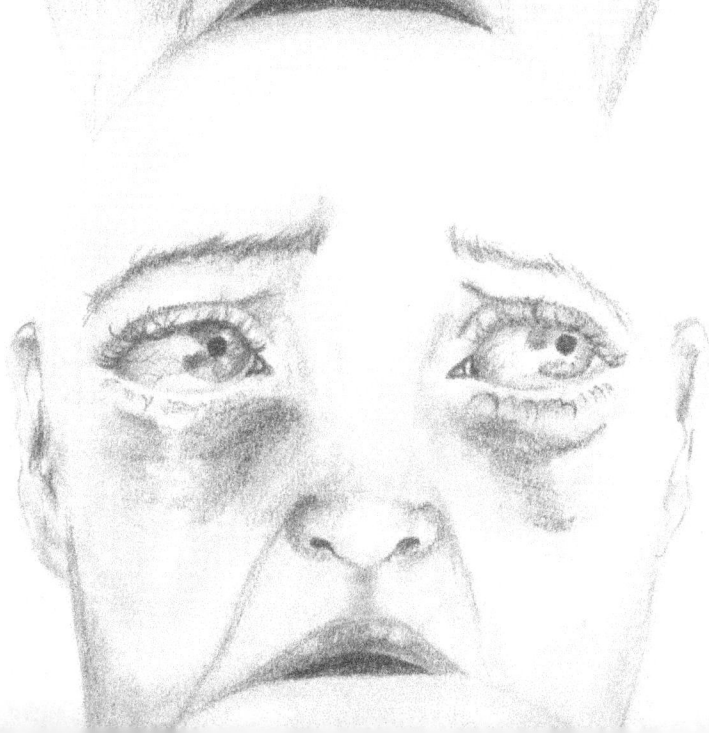

LIPTON

"Blanco y negro es el color de fotografías antiguas y los programas viejos de televisión; es el color de los fantasmas, la nostalgia, la memoria y la locura. El blanco y negro duele. Me di cuenta que era perfecto para las imágenes en mi trabajo"

LAURIE LIPTON

PLATOS ROTOS

El intestino como una boa gigante que traga mundo y
      quiere reventar,
siempre más,
siempre más,
un hambre insaciable de lo podrido, hacer más
consistente la mierda urdida por las migajas de su pan.

Los buitres sobrevuelan el autoconcepto, las hienas se
cagan de risa mientras me tomo una *selfie* jurando que
mañana se me va a pasar,

mi mano derecha apesta a sueños infectos
                    se me cercenó el pulgar.

      El intestino como un gusano en tonos marrón que
burbujea con los problemas ajenos en salmuera, arde
con la bilis que vomitan los cocodrilos/mamá, una
prolongación visceral que se pone a secar bajo un sol
que quema. Mi monstruo repta sobre hígados
                    se arranca la venoclisis
                    y de paso la ansiedad.

El intestino como un recordatorio de 16 años en que
todo ha venido a encostrarse y cicatrizar, como un
anacronismo cíclico, donde crecer se medica, donde
morir se predica, mi cabeza es el agua estancada de
donde beben parásitos y mamíferos de ciudad,

los elefantes empiezan a llover,
se me hincha el vientre,
lo jugos comienzan a manar.

Le cuento mis escombros a los remansos sordos,
fracturando la porcelana
me sumo al efecto mariposa,
un desfile de animales sarnosos,

alguien en Tokio pide una sonrisa.

OQUEDAD

¿Qué significa éste desamparo en un mundo sobrepoblado, cada vez más sobrevalorado?
Aquí, entre estas repisas frías, el soliloquio de la vida, nos tomamos el café aguado y de compañía galletas Marías.

Soledad
Las etiquetas que nos pretenden y nos prenden y nos van a calcinar.
Soledad
Que regresen los fantasmas de antaño y se tomen un mezcal con sal de ti, sal de gusano, sal para quemar.
Soledad
La inconformidad eterna que se siente abandonada, con prisa, sin éxito, que todos nos amamos a manos llenas por la mala costumbre de aparentar.
Soledad
Hace frío entre mis amoratadas aristas y los pies que no se cansaron de no andar.
Soledad
Tomar leche deslactosada light.
Soledad
Los feminicidios no resueltos que pasan siempre a ser un número más.
Soledad
Lamer culos hasta que alguien se apiade de los desempleados y los internautas.

Soledad
Inundados de fluoxetina y diazepam
Soledad
El olor del asfalto que nos mira terminar relaciones
toxicas y tomar de antídoto el sexo casual.

Soledad es contar el cuento macabro porque ya no
importa si lo recitas desde la muerte, partiendo del
cubículo laminado,
aquí en la morgue
la música de fondo es el llanto de mamá.

TE CANSAS

A veces no puedes más y te cansas, bajas las manos y escrutas la tierra fría que se acumula en las aristas de las ojeras, un bostezo se come un puñado de sal y la noche se hace negra desde la punta de tu lengua hasta la última pestaña.

A veces te cansas, de verdad te cansas, te pones en cuclillas mientras le haces hoyos a la pared de tu cara, arrancas las orillas de las calles sin nombre que sangran por los dedos, azotas la cabeza tres veces en el ropero.

Te cansas.

Y no te das cuenta
   pero te cansas
y el pecho se arruga en una mueca acartonada
y tomas las maletas bien llenas de tu nada.

   Das la vuelta.

Cansada.

Te marchas.

DESFOGARSE

Mujer pasajera, cada que te vas me hago un nudo corredizo en la boca del estómago para no regurgitar tu nombre, me arranco tus ojos con una cuchara de aluminio aleado, saco de entre mis dientes los restos de querernos de a ratos y me sangran las encías, vuelvo a contar mis dedos, a ponerle sal a las manecillas.

Cada que te vas me dispongo a caminar por las calles que no nos verán, le doy revuelo a la polvareda que dejaste al cerrar la puerta sin mirar atrás,

tomo el vaso,

     lo lleno

          sumerjo la cabeza

               trago sin parar.

Tu ida incandescente en mis extensiones venosas,
me gusta que no vuelvas,
que agarres todas tus cosas y las empaques entre tus piernas,
te humedeces en otra arcada

que mis dedos dejen de oler a tu tierra mojada.

Viaja conmigo

Vamos, sin tomarnos la mano, a los destinos de miel y los callejones transitados, vamos de esquina a esquina en este mundo circular que se derrama a la orla de la mesa, vamos acumulando el hastío en bolsas de papel que curan el vértigo o lo contienen, déjame charlar acerca de lo enriquecedor de agenciarse instantes soltando suspiros en kilómetros amontonados.

Viaja conmigo a los recónditos, donde nadie nos conoce y está bien y no importa y no hay ojos, no hay espaldas, no somos el polvo cósmico que se sopla/inhala de madrugada. Vamos sin tomarnos la mano, ni vernos a los ojos, tomemos las fotografías del recuerdo, busquemos un hotel con historias baratas y sábanas cloradas, aúpate en las imágenes que pasan desdibujadas y seguramente se nos han de olvidar.

Viaja conmigo, porque qué sería del salario quincenal, el burnout, las cadenas de mal café y las cismas amorosas sin un "fui a buscarme y como un carajo que no me encontré".

CUANDO TE DUELE EL ALMA

Cuando te duele el alma carece de relevancia,
es sentir que algo quema
    a fuego lento
        las entrañas,
un perro te muerde el tobillo derecho
se orina con las caderas gachas,
a nadie le importa rascar en las futilidades
costras ennegrecidas
no vale si no las sangras,
la esperanza se corta
          la radial por la mañana.
Cuando te duele el alma
alguien ríe a carcajadas,
otro alguien reza "líquido de temporada",
otros tantos
nunca sabrán nada,
y yo,
      yo me meteré el puño a la boca
      que ya no arda.
Cuando duele el alma pareciera que
el corazón se para
la inercia toma la delantera
le metes un addendum
al seguimiento de fracasos
patrocinados por un monstruo
        en traje bajo la cama.
      Firma al calce
      que no te importa una mierda nada.

Miedo

He tenido miedo,
mucho miedo,
he caminado a tientas por senderos que parecen ir en
círculos concéntricos, he claudicado, he dudado, me he
puesto la mano al cuello y pareciera que una sirena en
tonos rojos me canta al oído la misma desgracia.

He tenido miedo,
mucho miedo,
y no hago alquimia, no hago malabares y mi corazón se
vuelve un ovillo que se sangra a frecuencias altas, he
tenido miedo, tanto que se me seca el labio inferior y me
camina la incertidumbre las lunas deslavadas.

Hoy tuve miedo,
me apreté fuerte las entrañas,
tomé dos sorbos de agua,
me puse la cuerda floja de corbata.

Un buen día

Despertó mi despojo con la bandera autómata
con los ojos pesados de la noche eterna
de las pesadillas
que repiten tu nombre
y abren puertas que nos llevan al mismo lugar.

Nada.

Fue un buen día, porque desde las horas que a nadie le
inmutan hice muchas cosas que le importaban a alguien
más, deshice las que me importaban a mí, me amarre los
dedos a la puerta y la empujé con ímpetu a ver si se me
arrancaban con ellos las ganas que no perdí; fue un
maravilloso día, comí el desayuno de manera religiosa y
se me hizo un bolo de fatalidades en cada bocado,
mastique la inercia de ser un cliente frecuente de la
ausencia en vidas mejores, me tomé el café con la
esperanza de que volara la mente y el tiempo se acercara
al olvido.

NO

Qué gran día ha sido hoy, sudé como posesa mis
inconsistencias y me abrí la boca mientras pensaba en
como extirparme de una vez la lengua, en como
amputarme la piel que rozaron tus manos y ponerme a
pudrir amablemente bajo el sol, tomé una ducha y seguía
siendo yo.

Sí que fue un gran día,
de no ser por las vísceras que me revientan,
la cabeza que se hace una expansiva ante tu bala,
el apetito de mierda,
mi palma vacía,
los recuerdos de salmuera,
el hueco en mi cama,
     el adiós definitivo
          borrarme de la constelación
               de estrellas y lunares

        los de medias luces

        los jueves cuando llegabas.

INCONSISTENCIAS

A veces escribo de las inconsistencias, de mis inconsistencias, de mi cojo equilibrista que saluda al vértigo siempre con la misma mano.

A veces escribo de las inconsistencias, de mis inconsistencias, de mi plática a profundidad con la bala que se me escapa por los labios.

A veces escribo de las inconsistencias, de mis inconsistencias, del temblor fino que me espolvorea los daños.

A veces
      muy de repente
        escribo
           y suena a la piedra al vacío
             al agujero negro
                en mi cabeza
               al grito sin aire.

       A
mis

           inconsistencias.

FOLIE Á DEUX

"Las tristezas no son propias de las bestias sino de los hombres, pero si los hombres las sienten en demasía se vuelven bestias"

DON QUIJOTE DE LA MANCHA

Hebefrenías

La ciudad gris.
La gris ciudad.
Mis versos que protestan.
Un perro que se pudre en sarna.
La canasta básica cada vez más cara.
El sector salud que se apaga.
El pasillo que no me va a arrastrar hasta su cama.
Conceptualizarnos tras otras miradas.
Ser nadie entre la multitud que te aclama.
Quererte en lunes.
Quemarte en domingo.
Levantar el puño,
reventarlo en mi cara.
El rector de cierta universidad que se sienta
y charla,
le hacen pintas en la Gran Casa,
el presupuesto alopécico se rasca las entradas,
no alcanza para los becarios, ni para el arte, ni para nada.
Un avión presidencial que no sale ni en rifa,
un cachito de madre,
que gane el que tenga más hambre.

La Patria que se masturba mientras mira Netflix y grita
esperanza.

CUAUTLA

Aquí en el terruño, aún no pavimentado, amanece distinto, los animales canturrean melodías famélicas, las mujeres limpian las banquetas con cloro del que pica, los árboles son paredes, los cigarros cuestan tres pesos. Aquí amanece más temprano, mi ciudad nunca duerme; ellos, los de aquí, duermen de día, duermen a medio día, en la tarde; de noche platican los porvenires y las promesas de irse a rentar un sueño con el gigante gris, un metro cuadrado que no sepa a mentada de madre.

Aquí, a altas horas de la madrugada, miran por la ventana y le dan caladas al occidente por decir que no lo viven, aquí sueñan mientras caminan por las calles sin cemento, aquí no hace frío. En éste rincón modesto la gente huele a libertad y tierra mojada.

Es una fracción de patria donde probablemente Dios se sentaría en una silla de plástico a jugar a las cartas, beber una cerveza y rascarse la entrepierna; donde el fresco pega dos veces al día, se orina caliente y las heces siempre están blandas.

En este sitio las bancas de parque son demasiado públicas y los niños aún conocen el balón, aquí las hojas son de colores, las mujeres son de formas y les faltan piezas dentales a los varones.

En Cuautla los ancianos caminan sin rumbo, se cuelgan las arrugas y un sombrero, los abuelos huelen a muerte y tienen los labios secos, sus huaraches cuentan historias de mejores tiempos, se pudren de cara al sol y esperan pacientes en la fila su deceso.

INSOCIAL

No es que me de miedo la gente (sí me da), es una circular de incertidumbre que se levanta todos los días a las 04:17 de la mañana para contar las estrellas del techo, tragar veinte vacíos y hundir la cara en la almohada.

Una inconstante que no se acaba.

No es que me de miedo la gente (se me da), es que después de beber el café en la plaza le doy una calada al cigarro
   y me cala el cuento macabro
     me cala la taquicardia
       me cala su alquitrán.

HOMOSEXUAL

¿Y ahora qué hago si he descubierto que mi gusto radica
en el incidente puntual de una vocal?
Qué hago, juez y verdugo, si mi amar caminante va
errado de la mano de aquello que me adoctrinó mi
madre.
Qué hago si amo a mi semejante y los católicos
proclaman que Dios no se refería a un ser con el mismo
sexo y las ganas en sintonía homoígnea/quemante.

¡Intolerante yo no soy tu delincuente!

Dime tú por qué arrojar la piedra a quien también es hijo
y no viene hurgando en la mancha de tu frente, si nos
sentamos en el banco resulta que todos somos culpables
y amar lo diverso se parece a emanciparnos socialmente.

El debate innecesario
las sentencias correctas
las oraciones completas/concretas
los omnipotentes adecuados
el papa latinoamericano que a veces quiere
terapias que torturan la identidad,
orientación y expresión de género
el odio que nos mata a golpes en la vía pública o en casa
marchamos hasta que la visibilidad haga
mella en la gente
hasta que se nos reconozca en masa.

Si el daño a terceros entra por la vista y sale por la boca,
si da fobia el tacón, manierismos o la camisa a cuadros
si tocamos la masculinidad frágil de lo normado
si es que amar es pecado
        que se mueran todos y nos entierre un perro
                    después de mearnos.

Señor, señora:
        Si mi amor le hace daño,
                tome sus cosas,
                    tápese los ojos,
                        límpiese los pies
                            y vaya a su casa
                            a ser juzgado.

SIN AZÚCAR

La noche sabe a café
a uno que se toma con dos/tres nostalgias,
sin edulcorantes
con la uña de la luna arañando la cara
con la mitad de la persona que no fui,
leche de almendra,
los desechables personalizados,
sin manga

Pronatura.

El café de esta noche sabe a las rumiaciones telaraña,
     cargado,
     doble,
     gusta de camuflar la desventura
     se hace llamar *venti*
     nos hace sentir de altura.

El café sirena sabe a la desazón de sentirnos completos
cuando meneamos nuestras sobras y en sus pozos se
desdibuja una sonrisa cansada.

El pasillo de los desechables

*A todo el personal de 18 a 40 años
favor de presentarse al área de sanitarios*

La generación biodegradable hace fotosíntesis
          con las rebajas
salarios por comisiones
               trabajos en horarios especiales
tarjetas de recompensa
               inexistentes prestaciones
cupones de supermercado
          casa de sus padres.

La generación ultracapacitada,
          la promesa del mañana
          la que se quiere morir después de beber su
          matcha
          la 4.6 porciento más desempleada,
practica nudos corredizos con las corbatas
necesita los viernes como agua
tiene un orgasmo al corroborar que no pasa nada
          si se cuelga
               de la lámpara en la sala.

*Personal de la generación más pobre
favor de presentarse a limpiar la mierda de oportunidades*

LOS RINOCERONTES SE QUEMAN

Al Planeta se le desorbitan los ojos, se siente infecto, se
nos va poniendo gris y tiene cáncer de humano. Le pasan
por la vena la solución:

- ✓ *Un gramo de apocalipsis cada 12 horas.*
- ✓ *10 miligramos de pandemia. Por razón necesaria.*
- ✓ *Dos ámpulas de ecologistas cada 24 horas.*
- ✓ *Firmar peticiones en línea. Vía rectal.*

El desahuciado azul supura quemas controladas,
animales en peligro crítico de extinción,
queremos los cuernos de trofeo,
criterios contaminantes del ozono
            partículas en suspensión.

La tierra es un paciente terminal
carencia hídrica y deforestación,
bienvenidos a la supervivencia del más animal,
Greta Thunberg debuta en lo conversivo
deshielo como sinonimia de habitual

            ¡Los rinocerontes se queman!

            ¡PETA quiere llorar!

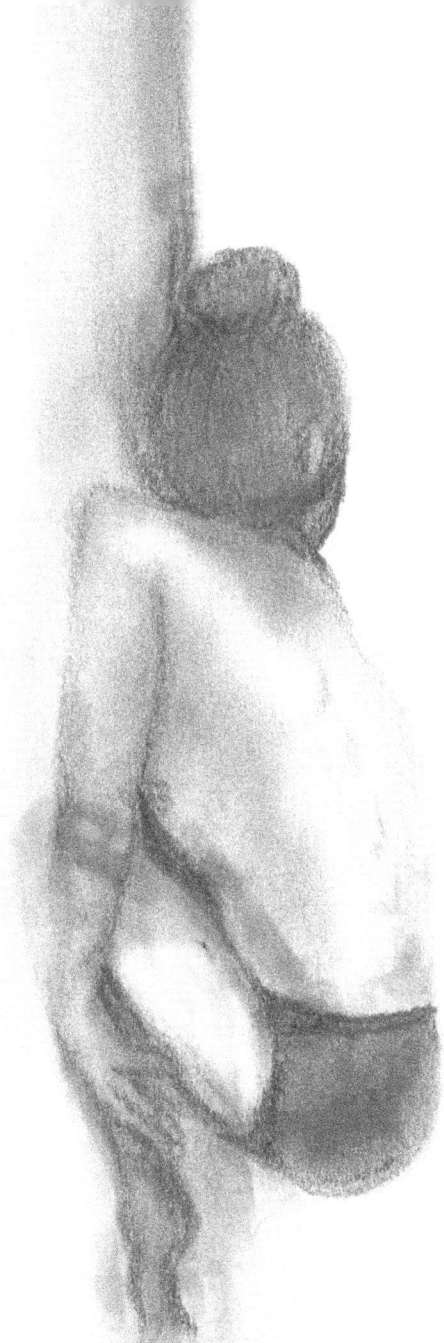

HOSANNA

"Porque de tal manera amó Dios al mundo que ha dado a su Hijo Unigénito, para que todo aquel que en él cree no se pierda, mas tenga vida eterna."

JUAN 3:16

Dios no cae de más

Ateos creyentes de la mitad del universo y la medicina homeopática, de los libros de autoayuda, los agujeros negros, los suicidas al por mayor, esperanzas en el contenedor de vidrio y los niños de cristal, nos envolvemos las frágiles inseguridades en papel burbuja. El abismo que se encierra en sí mismo y da un vértigo sereno los domingos a las seis de la tarde. Dios, ¿estás de más?

Creyentes de tres cuartos en fracciones de piel, que ya no caminan a las diez de la noche solos y se acuerdan de pedir cuando una sombra sigue a nuestras mujeres que están matando, el horror danzante en calles vacías pidiendo un peso, una caridad para los hijos predilectos del omnidesmemoriado.

Padre nuestro no caes de más, se te echa de menos cuando la vicisitud pesa en la espalda llagada de la realidad y el flagelo constante de la necesidad nos encierra ocho horas tronándonos los dedos, te echamos de menos cuando el camino espina y de inercia/hocico no hay marcha atrás, bien sabido es que no se pierde ni saliva al suplicar entre los murmullos agotados, gritamos buscando cielo, aullamos buscando paz; si él no cae de más, si acaso gusta, se nos da.

Feligreses abatidos que se comen las uñas ajenas y se mastican la mejilla, sangran petróleo y gas natural, todos te proclamamos y pedimos que nos/los bendigas, todos queremos que empieces por nuestro hogar, ahí estamos siempre ahí, aquí estamos, Dios, siempre aquí, somos los que no levantamos la mano bajo tu mirada celestialmente apagada y te crece la barba y te gana el incierto. Dime, Dios, ¿en dónde estás?

Dios, ese Dios no cae de más, cae de menos y se añora cuando hace oídos sordos al pueblo que se quema y desangra, y se da la media vuelta y cobra nuestro libre albedrío, Dios también se ha olvidado de que no sólo se aprende cuando te carcome el terror, que no sólo somos el polvo que cae en su mesa y gusta de soplar; gracias Dios por las familias disfuncionales, por las traiciones que nos fortalecen las raíces y nos secan las ramas, gracias por las promesas en altares ajados de plata y poco pan; Altísimo, tenemos las manos rasposas de trabajar la tierra prometida que cada día se la carga el calentamiento global, los popotes, nuestra mala cabeza, subsistimos de mala gana, mira nuestra piel morena del sol que nos da la vida y el cáncer de cada día.

Sin embargo, Dios no cae de más, porque qué sería del infierno sin un destino al cuál se pretende ir una eternidad a vacacionar, es ser preso en libertad, es la apuesta por la felicidad, es aferrarse a su mano y no dejarse soltar. Dios es la bendición de mi madre por las mañanas, es la interrogante siempre sorda que nos habla con señas abstractas de su verdad, es el tiempo que se le da al tiempo.

Yo no sé de Dios,
pero voy sintiendo que no me va de más.

PADRE, ¿VERDAD QUE NO NOS HAS ABANDONADO?

Cada que te vas recuerdo cerrar la puerta de atrás, no vaya a ser que gustes de colarte con tus parábolas de amor a quemarropa y el concepto desabrido de incondicional, el mucho aparentar que no nos hace falta nada si comemos con fe las migajas de los que no te nombran, ni te aclaman, ni buscan tu pan; nuestra sociedad ultramadura te escupe sus ambiciones en una mezcla de sangre, esputo verdoso y restos de la última boca que se ha arrancado la piel seca de haberte rezado exasperadamente que nos mires, que nos caiga un poco de tu bondad.

Hosanna
Hosanna
Jehovah

Cada que no estás mi madre se pone de rodillas y llora quedo en la esquina de su habitación circular, te recuerda que somos tus hijos, que agradecemos las batallas de tierra y de sal, pero por si las dudas

no te olvides que somos tu pueblo

que tenemos el salario mínimo

que te alabamos
llenos de Citalopram.

PATER NOSTER

Padre nuestro
       de mi ciudad cada vez más atribulada
       de los gases que nos sofocan
       de ellos los próvida,
que estás en el cielo
       tú, extravío celestial de pantone gris
       desde arriba nos miramos tan eternos,
santificado sea todo lo perdido en tu nombre
venga a nosotros tu reino
       pero no las migajas que se anidan en tu pecho,
hágase tu voluntad
       no la de nuestros criptotitiriteros
       no la de los feminicidas
       no la de los gobernantes con piel de cordero,
aquí en la tierra fangosa, como en el cielo
danos hoy nuestro pan de cada día
       danos una vez a la semana carne,
perdona nuestras ofensas
       perdona que pedimos mucho
              con la fe por delante
       perdona no estar de acuerdo con la abnegación
       perdona decir que el libre albedrío
           era echarnos de casa de
              manera elegante,
así como también nosotros no perdonamos a los que
       nos ofenden

en la vida real la otra mejilla
                           se cuida con uñas y dientes,
no nos dejes caer en la tentación
y líbranos del mal.

                                        Amén.

La vida misma, la misma vida

La misma vida viste de sermones
funambulesca de lo eterno
ríe a carcajadas de los faldones y sus rezos
pinta las carencias de ceniza
a sus pederastas de ruegos.

                    ¡Señor, ten piedad de nosotros!

La vida misma se persigna y pide por el más ajado
da el diezmo mientras regurgita sus pecados
se reclina a escuchar los cantos recios
                    de feligreses intoxicados
ora por el amor al prójimo siempre y cuando
                              sea consensuado.

                    ¡Cristo, ten piedad de nosotros!

Cuando despiertas a la vida y te entra Dios
                    por las persianas
una nebulosa Helix hace malabares con la fe tremulosa
la caquexia de imágenes divinas aparece en el pan de
        caja
y repites algo aprendido que te hace eco/hueco en la
        cara

                              Señor, óyenos.
                              Cristo, escúchanos.

COVID

¿Será acaso todo esto un castigo divino?
se pregunta Dios,
mientras nos mira tras su ventana impecable
que hace pensar en una gracia infinita
estéril de hecatombes modernos.

Dios se acomoda los rulos
se ajusta bien a la cara el N95
se monta la careta del más sagrado acrílico
recoge sus pertenencias de
humilde/todopoderoso/arquitecto del universo
se dispone a salir
para que lo encontremos pidiendo un peso,
en la cara de un niño,
en el anciano que no salió ileso,
en los rezos frenéticos de paranoicos posesos

                              y demos gracias
                    por ver amanecer un nuevo día.

Dios ocupa 60 segundos en lavarse las manos
de nuestras necesidades y ruegos
le pone desinfectante   *ecofriendly*
a sus pies de salmuera
lava diario sus vestiduras de lino amarillento.

Good stays at home
magnánimo en la conciencia social,
no vaya a ser el diablo
y olvide el truco de resucitar.

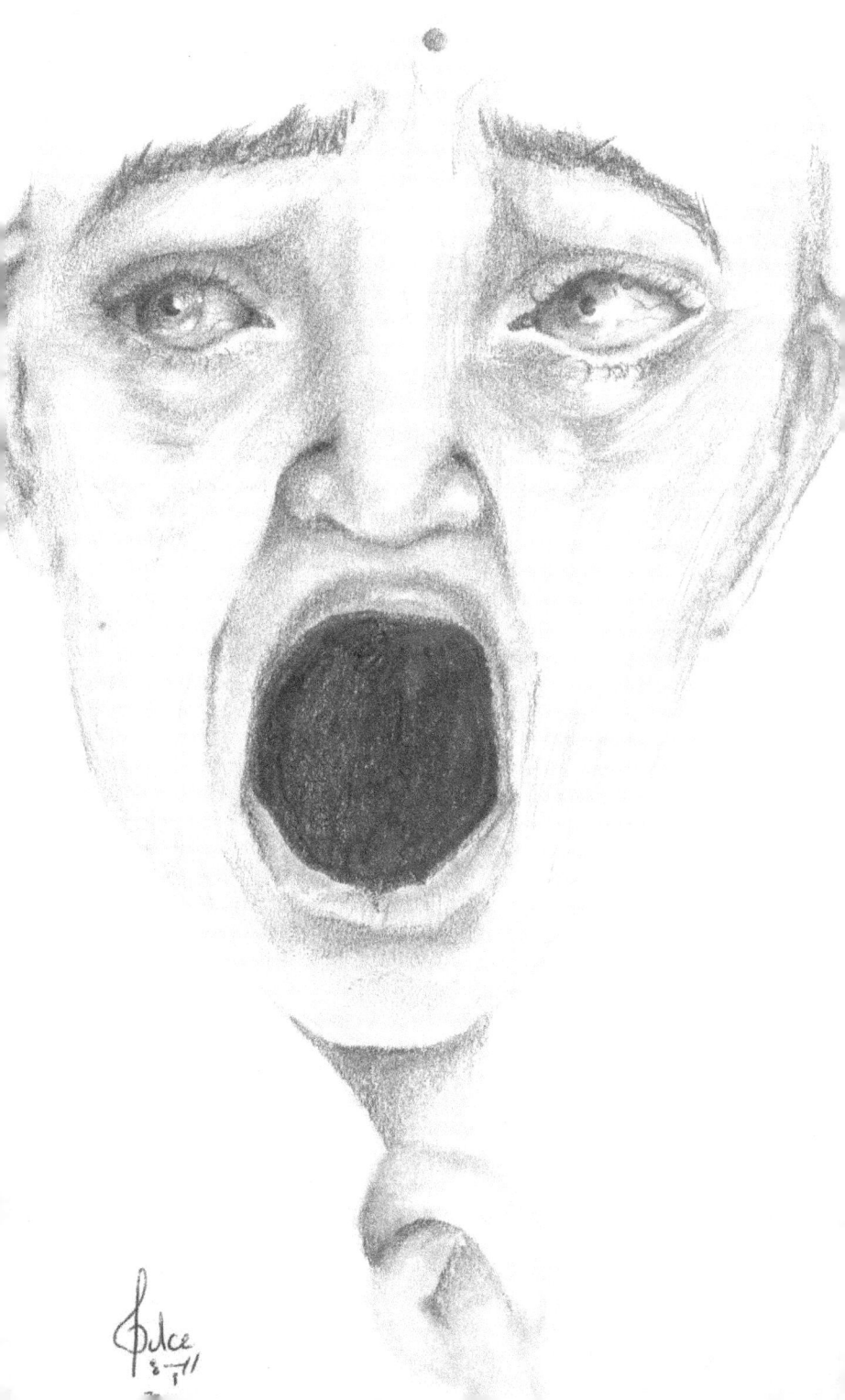

HISOPADO

"No hay salida: parece que todo lo que hacemos para ganarnos la vida, para subsistir o para disfrutar es ilegal, inmoral o engorda o, lo que es más inquietante, puede ser cancerígeno"

PATOLOGÍA ESTRUCTURAL Y FUNCIONAL,
ROBBINS Y COTRAN

I

Inicio,
      una burbuja
        sorda
           vacía
                el silencio absoluto
           pica

el mundo es una habitación circular donde el norte
carece de sentido
sólo hay blanco
perlado de virus o finitos.

La vacuna
tiene forma de rumiante
masca y regurgita,
pasan los días y transmuta
a los decibeles ensordecedores de angustia,
necesidad
e ironía.

Todo revienta y se vierte en los espacios que hay entre
los dedos
las preguntas hacen combustión espontánea
caminan serenas en las jaulas de las casas
miran de reojo las ventanas
las rompen a gritos

estrellan la cara.

II

Hace diez días que mi madre no oxigena
      apropiadamente,
inhala profundo y pareciera que se aferra con las uñas a
      la vida,
hace 10 días que le caen medicamentos como bombas
y se levanta el polvo de su duda en mi asfalto de
      terrores nocturnos,
que convenientemente se nos ha olvidado lo metabólico
y el cáncer de cada día,
ahora la tos es sinonimia de bolsas negras,
urnas
¿No que de gripa nadie se moría?

La esperanza se atraganta el remedio de las ciencias
exactas,
le duele la garganta,
las mialgias y artralgias,
temperaturas que ebullen las cabezas,
el porcentaje perene,
sí tiene miedo,

      pasa y escupe alguien llamado "Certeza".

III

Teorías conspiracionales que se sirven al centro de la
mesa.

Dicen:
       La tercera guerra mundial patrocinada
                     por las barras y las estrellas,
       algún terrorista pintado de amarillo,
       lo gourmet justificado por un mundo repleto,
       una organización de salud coludida
                     con el control poblacional,
       sumar números de un año que no significan
              nada,
       los titiriteros del planeta plano y
                            los ceniceros llenos.

Ayer escuché decir a un vagabundo:
No se arrepientan que igual nos vamos a morir,
no traía cubrebocas,
no se había lavado las manos desde hace millones de
       segundos,

       tenía también ajado el concepto hiperrealista del
              mundo.

IV

Hablamos del necesario apocalipsis prometido que ya no quema ni ahoga creyentes a conveniencia, es una invitación abierta al suicidio en masa con el pretexto de la ignominia y un "señor" al que su propia historia le ha enseñado a lavarse las manos, nos castiga la necesidad y un Corynorhinus mal cocido.

Batman se balancea marmóreo
con la lengua hinchada,
de fondo el noticiero vespertino
¿Verdad que todos nos rompimos?

V

Hace cuatro días que me duele el pecho,
sensación opresiva le llaman,
una evocación a tener el puño de lo fugaz
                    presionando el esternón
y de paso la cabeza contra la almohada,
la nueva normalidad no quiere escurrirse
hay un deje aceitoso de no tener mañana.

Lo escatológico se toma el café con los nouveau
astronautras,
la medicina dura orbita entre tecnicismos
                    sospechosos
                    confirmados
                    finados
                    atribulados

ya no es tan extasiante quedarse a casa.

VI

El aislamiento nos tiene sucios y acongojados.

Con los sexos frondosos
Con las cabezas rapadas
Los gordos delgados
El internet lento
Los amores en pausa
Los artistas en videos pregrabados

VII

Cuarentena

Todo cambia, ésta metamorfosis perversa y enferma que
nos va azotando la esperanza en la cara, nos deforma la
letra y todavía alguien tiene la osadía de decir que debo
dar las gracias.

Empieza a llover.
Gracias.
Por esto,
     por aquello,
          porque se mueran pero en otras casas,
               por la violencia que aumentó
                    dentro de los hogares,
porque hay niños que los violan en la seguridad
               de su morada.

Y es que si no son las abejas, son los americanos
clorados, el calentamiento global, el hambre, lo keto, los
que temen a no volverse a alcoholizar,
hoy andamos pensando en que la cura siempre
                    fue dejar a la orbe azul
y a la de encima de nuestros hombros
descansar.

Nos anda matando la depresión dentro de nuestras
jaulas de interés social, queríamos ser mejores mañana

y la mañana se cayó como un elefante en un vaso de agua
a reventar.

¿Quiere llorar?

Que no lo llames encierro
que es salvar el mundo desde la comodidad de tu sala
de estar
que le pongamos la mejor cara
la sonrisa de ornato
hasta que se desmorone la noche
te encierres en ti mismo
llores en seco
olvides si vivías en el ayer,
          un domingo
                    o entre las piernas de alguien
          cuyo
                    nombre no puedes recordar.

Yo ya no sé cuándo todo esto va a terminar he perdido
la cuenta de mi vida, de ella, de los virulentos, de las
camas de hospital, de las líneas que me rasgan las
piernas, de los días fútiles aprendiendo y de
desaprender ésa cosa nominada
          "otra oportunidad"
          ése neologismo castrense
                    llamado "nueva normalidad".

En mi cuenta son cincuenta.

          ¿Sí se va a acabar?

VIII

Estabilidad mental fractal
nuestros restos
y manías
edifican un psicopático vitral
     jardín farmacodinámico
         de acceso al público general.

                A la salida no olvides
            tomar la foto del recuerdo
              y comprar una postal.

IX

Te pasan los alimentos a través de la reja
                          con algunos reparos:
no rozarte la mano,
te hablan de lado,
barbijo quirúrgico doble,
te dicen que te extrañan,
que avises de algún cambio,
no quieren jugar a la selección natural
                          del menos infectado.

Al marcharse recuerdan religiosamente la técnica de
lavado de manos y que alguna fuente no confiable dijo
que el tiempo exacto era mientras vocalizabas el coro de
algo muy a lo Tex Mex,
                          ya saben,
                          porque mexicanos.

1. Mojarse las manos.

            Si una vez dije que te amaba, hoy me arrepiento

2. Aplicar suficiente jabón para cubrir toda la mano.

                        Si una vez dije que te amaba

3. Frotar las palmas entre sí.

No sé en lo que pensé, estaba loca

4. Frotar la palma de la mano derecha contra el dorso de la mano izquierda entrelazando los dedos, y viceversa.

Si una vez dije que te amaba

5. Frotar las palmas de las manos entre sí, con los dedos entrelazados.

Y que por ti la vida daba

6. Frotar el dorso de los dedos de una mano contra la palma de la mano opuesta, manteniendo unidos los dedos.

Si una vez dije que te amaba, no lo vuelvo a hacer

7. Rodeando el pulgar izquierdo con la palma de la mano derecha, frotarlo con un movimiento de rotación, y viceversa.

Ese error es cosa de ayer

8. Frotar la punta de los dedos de la mano derecha contra la palma de la mano izquierda, haciendo un movimiento de rotación, y viceversa.

Ayeeeeeeer

9. Enjuagar las manos.

10. Secarlas con una toalla de un solo uso.

11. Utilizar la toalla para cerrar el grifo.

Übermensch, hemos fallado.

X

Van 29 razones que se olvidan de mí en ti,
mi moneda al aire,
la ironía anda presa
y azota contra tus barrotes mi cabeza.

Van 29 días que me rasco las vísceras,
me cuelgo la sonrisa
se me parte la noción,
que ya no entiendo de días ni ciudades,
me siento en la cama a ver las novedades.

Me he convertido en la maníaca
                    que te cuenta el día cero,
la mala música,
mis nulas originalidades,
los cafés que me tomo,
mis cabellos que caen,
estos textos necios
y la brecha que nos abre.

Que sí,
también se me deforma la cara,
no duermo de madrugada,
se me quiebra una que otra área,
no me siento

                    ¿Dónde está la puta parada?

Día 29.

Me pregunto "algo" seriamente y me echo a reír a carcajadas.

XI

Teníamos miedo
teníamos tanto miedo de la saturación baja
de los números que hacían las veces de esperanza
                                y otras de bala,
no era miedo a la presión psicosomática,
tampoco de la tos crónica
        auspiciada por la combinación alquimista de
        desinfectantes quemantes
        detergentes corrosivos.

Teníamos miedo de un resultado positivo que confirmara que hacer todo bien no escapaba del empirismo de Murphy, que en los tiempos de las pandemias la vocación se ha convertido en el bocado que se te hace grande en la boca y no paras de arquear, teníamos miedo de ser Positivos y que la ironía se masturbara hasta el squirting con la semántica equilibrista.

Teníamos.

Resultado: *Negativo*
Los agridulces de volver a la incertidumbre, a que si hoy no enfermaste siempre habrá una primera vez

        que te pone a 45
                y muy seguramente
                        va a doler.

XII

Viene
indemne con su corona de proteínas
con su cadena lipídica que repta las manos
con las escamas de muertos producto
                    de la ecdisis evolutiva
se instala en una desquebrajada economía
en nuestra vaguedad tercermundista,
antes de salir se maquilla en pantone las vías de
desarrollo,
nos pinta dedo,
se mofa en nuestra cara,
que se jodan los descendientes
        del papel moneda y la zahúrda consumista.

Caen como moscas
Emprendedores
Servidores públicos,
Artistas ultraindependientes
Diezmos católicos
Lo autogestivo
La compra–venta

Y llora
llora en una esquina alguna ensoñación autolesiva
de fondos para el retiro,
pagar universidades particulares,
servicios médicos petulantes,
comer en los mejores restaurantes.

Han bajado los sueldos,
han prescindido de los no esenciales,
lo público y regalado nos muestran el escote

y se abren de piernas ante nuestras ansiedades.

¡Que nos mate ya el virus!

¡Que nos mate la inflación y el hambre!

XIII

Eventualmente todo mejora,
el ánimo,
las ganas,
las decisiones y sus consecuencias,
eventualmente todo cambia,
las calles,
las horas,
las personas sin nombre,
los árboles que pasan secos en mi pierna,
eventualmente sana y miras desde lejos
y te tomas bien fuerte las entrañas,
sonríes y dejas que pase esa cosa
        llamada vida desde el voladero sin barandas.

XIV

Mientras tanto me siento a pensar
a meditar seriamente/serenamente
el significado de los silencios,
las pausas,
las necesidades
y las faltas.

Víctimas inevitables del genoma y su mutación,
se dispara en seco un suicida recién contratado,
la luna bosteza y mi cigarro se apaga,
esperanza se pronuncia con sialorrea y taquicardia.

∽ SOBRE LA AUTORA

Consuelo Nieto Ortega (Toluca, Estado de México, 1991). Médico Cirujano egresado de la Universidad Autónoma del Estado de México, actualmente laborando de manera particular y pública dentro de su ramo académico y en capacitación constante.

Escritora y poeta con dos obras publicadas: *Por favor muérete ya... y de miel* (Grupo Rodrigo Porrúa, 2018) y *En la piel del elefante* (Universidad Autónoma del Estado de México, 2019)

Ha colaborado en la antología *Diversidad(es): Minificciones alternas* siendo esta la primera antología mexicana con temática LGBTTTI. También ha participado dossier "Pasavante" de la revista de literatura Grafógrafxs de la Universidad Autónoma del Estado de México, a su vez, participante de varias publicaciones en medios electrónicos.

∽ SOBRE LA ARTISTA

Dulce Ortega nació el 19 de mayo de 2003 en Toluca, Estado de México. Estudiante de último año de bachillerato, pintora que cuenta actualmente con más de 5 exposiciones, entre las temáticas principales que aborda su trabajo son: Trastornos mentales, la vida, la muerte y la metamorfosis del hombre en sus emociones (expo. Transición). Artista en constante formación y crecimiento debutando en el universo de las artes plásticas desde hace cuatro años.

ÍNDICE

ABOLENGO

LIPTON

HISOPADO

Se cuenta que el rey poeta Nezahualcóyotl dijo: *"Dejemos al menos flores. Dejemos al menos cantos."* Este libro se terminó de editar en junio de 2021 en Amecameca, México.

www.ingramcontent.com/pod-product-compliance
Lightning Source LLC
Chambersburg PA
CBHW022033090426

42741CB00007B/1049